Ephrem Minga

Livre Motivateur

Ephrem Minga

Livre Motivateur

Éditions Vie

Imprint

Cover image: www.ingimage.com

Publisher:
Éditions Vie
is a trademark of
International Book Market Service Ltd., member of OmniScriptum Publishing Group
17 Meldrum Street, Beau Bassin 71504, Mauritius

Printed at: see last page
ISBN: 978-613-9-58867-1

AVANT-PROPOS

Le livre motivateur est un recueil de plusieurs textes motivants redigés par de jeunes motivateurs évoluant au sein de la Brother Myephre Family(BROMYFA).

Cette première édition a connu la contribution de : EPHREM MINGA (Brother Myephre), CHRISTIAN MIKADO (Brother Chrismik), CHANCELINE TSHIENDA (Sister Kanacha), JONATHAN NKUTU (Brother Gadjona) et PHOEBE MINGA (Sister Beming).

Une seule thématique est abordée : le développement personnel sous des angles divers : l'influence, les relations, la gestion du temps, etc.

Nous espérons que ce livre servira à vous motiver à chaque fois que vous le lirez, non comme un simple ouvrage mais comme un réel motivateur !

En Dieu, nous croyons !

EPHREM MINGA

Rédacteur-en-chef

Des Encouragements Pour toi !

TU N'ES PAS EN VIE PAR HASARD

Tu n'es pas et tu ne seras pas Bill Gates...parce que Bill Gates existe déjà et il passera !

Tu n'es pas et tu ne seras pas Louis Pasteur, il a déjà existé et a fait son temps...

Tu ne peux plus être Bertha Benz ou Marie Currie ,etc.

Ces personnes ont déjà existé et répondu aux besoins de leurs époques !

Le monde te comparera souvent à d'autres personnes,

L'histoire te rappellera des icônes mais ce dont elle a vraiment besoin c'est de toi.

L'histoire ne veut pas écrire la vie d'un homme qui a déjà existé pour la deuxième fois car tout homme n'a qu'une seule vie...

Le monde n'a pas besoin que les personnes mortes se réveillent pour résoudre ses problèmes...c'est qu'il veut c'est de voir quelqu'un de vivant se lever et les résoudre aujourd'hui !

Le monde n'a pas besoin d'un homme célèbre pour mettre fin à ses problèmes...c'est qu'il veut c'est un homme armé de volonté qui ose se lever et s'assumer...

Tu n'es pas en vie aujourd'hui par hasard

Tu n'existes pas juste pour remplir un espace.

Tu as une mission très précise et ta vie est une solution pour beaucoup de problèmes dans ce monde...

Vis avec cette pensée !

FAIS SEULEMENT TES PREUVES

Ceux qui te minimisent,

Les personnes qui pronostiquent ton échec,

Ceux qui ne te donnent aucun pourcentage de réussite dans ce que tu fais,

Ne te fâche pas contre eux !

Fais seulement tes preuves, alors ils sauront qu'ils ont eu tort...

S'ils ne te le diront pas ouvertement, même en secret, ils le reconnaitront.

ACTIVE-TOI !

On ne se construit pas un meilleur avenir à force de rêver grand...

Ce sont plutôt les bonnes actions que l'on fait dès aujour'dhui qui préparent un meilleur avenir...

N'attends pas demain, active-toi

Ne rêve pas seulement, active-toi

Le rêve a besoin de tes actions pour se matérialiser !

LA REUSSITE EST A TOI !

Il n'y a aucun challenge auquel la vie t'expose qui ne soit pas à ta taille.

Plusieurs ne sont pas épanouis juste parce qu'ils se sont estimés inférieurs au défi que la vie leur a lancé...

Que cela ne soit pas ton cas...

Car tu ne seras réellement épanoui que si tu affrontes chaque combat de la vie la tête haute avec un seul but : aller de victoire victoire...

Les défaites peuvent arriver mais garde ton focus en vue : gagner , gagner et encore gagner...

Tant que tu as la vie et que tu as cette force en toi,

N'arrête pas de te battre, n'arrête pas de poursuivre la réussite car elle est à toi...

Elle n'est pas un cadeau spécial réservé à certains sauf toi

...non

Elle appartient à tous ceux qui s'en appropient... à tous ceux qui la poursuivent

La réussite est à toi...crois-le

EVITE LES MAUVAIS CHOIX

Les mauvais choix engendrent toujours des soucis qui nous contraignent souvent à faire d'autres mauvais choix, nous poussant à croire qu'en agissant comme cela, nous mettrons fin au cycle infernal mais sans succès !

Apprends déjà à faire de bons choix maintenant pour ne pas devenir jaloux de ceux qui réussissent après avoir fait de bons choix.

Si tu vis les conséquences de tes mauvais choix, le temps est venu de considérer la nécessité de bien choisir !

NE PERDS PAS TA PASSION

Quand on tombe en manque d'énergie et que travailler devient une corvée, quand le manque de force nous contraint à ne rien faire,

Il y a toujours quelque chose qui peut renverser la situation,

Il y a toujours cet allume-feu qui excite notre dynamisme,

Il y a ce petit quelque chose qui réinvente notre énergie et nous booste !

Ça s'appelle la passion...

Vous pouvez perdre de l'énergie, de la force mais ne perdez pas votre passion !

SOIS TENACE

Sur le chemin de la vie, tout ne sera pas toujours rose.

Même sans commettre une erreur, c'est possible que l'on connaisse des échecs, des déceptions, des trahisons, de fausses accusations, etc.

Quand cela arrive, le plus important est de se rappeler que dans ce bas monde, les choses qui ne nous tuent pas ne sont qu'éphémères,

Ne fais pas d'un arrêt de bus, ton terminus car toi et le combat de la vie, ça doit aller jusqu'à la gare !

Sois tenace !

AFFRONTE TES PEURS

Certaines choses ne sont grandes que de loin...

Mais il faut que tu les approches pour t'en rendre compte

Apprenons à affronter nos peurs et à relever nos défis, aussi grands paraissent-ils

DECOUVRE-TOI

Tant que tu n'auras pas pris conscience de qui tu es et de ce que tu vaux exactement,

Peu importe le nombre d'encouragements,l'intensité d'éloges ou compliments que tu recevras, l'insécurité sera ton amie intime et les tâtonnements feront partie de ton quotidien !

Il est temps de te découvrir, médite sur toi-même !

TU PEUX DEVENIR LA REFERENCE

Il y a de ces personnes qui veulent d'abord te voir réussir pour croire en leurs rêves

Il y a de ces personnes qui n'attendent que de te voir accomplir des exploits pour se dire que c'est aussi possible pour eux

Ce bon projet que tu as commencé, ne l'abandonne pas.

Vas-y jusqu'au bout, n'arrête pas d'y croire

Tu peux devenir la référence de la réussite de plusieurs...

METS LA BARRE HAUT !

Oui, Il y a des erreurs tolérables , oui il y a des erreurs passables.

Mais sache qu'il y a des gens qui ne croiront en toi que quand ces erreurs élémentaires ou négligeables disparaîtront de toi.

Ne travaille pas au nom de l'indulgence du public mais au nom l' excellence !

Mets toujours la barre haut

SOIS TOI !

Si tu sais qui tu es, Ne te laisse pas intimider par ceux qui veulent que tu te conduises selon leur ignorance de qui tu es.

Sois toi et fais ce qui te ressemble !

SOIS FLEXIBLE !

Coucou

Tu viens de lire la phrase "tu viens de lire la phrase"

Pourquoi avoir lu "tu viens de lire la phrase" trois fois maintenant ?

Juste parce que les mêmes causes produisent les mêmes effets !

Si tu n'utilises pas d'autre méthode face au même problème, le résultat sera toujours le même.

Alors,sois flexible !

LIBERE TON POTENTIEL

Une chose faisable n'est pas une chose déjà faite,

Une tâche facileà accomplir n'est pas une tâche déjà accomplie.

Alors ne te limite pas juste à réaliser combien ton potentiel est grand mais libère-le par l'action.

NE TE FATIGUE PAS D'APPRENDRE

Par ce texte, j'aimerai encourager quelqu'un à apprendre...

Tant que cette terre n'est pas ta terre, tu auras toujours quelque chose à apprendre.

De là où tu es, tu ne peux pas voir tout ce qui se passe sur chaque mètre de la planète terre.

Sur les millards d'êtres humains qui peuplent la terre, tu ne connais parfaitement pas l'histoire de chaque individu et certains détails de ta propre histoire t'échappent parfois.

Si tu mesures tout ce que tu ignores, tu ne te vanteras plus du peu que tu connais.

La vie est faite telle qu'il y a toujours à connaître !

Quelqu'un me demande : "Mais pourquoi connaître ?"

Je réponds :

Qui vit sans connaissance, vit mais savoir-vivre;

Il peut être mais savoir-être,

Il peut faire mais savoir-faire,

Il peut avoir mais ignorant comment tirer profit des ressources qu'il a.

Ce que tu connais est petit comme ça .

Apprends encore !

TU PEUX VAINCRE TES MAUVAISES HABITUDES

"Il est dit que l'habitude est une seconde nature, c'est vrai !

Mais la bonne nouvelle est qu'elle n'est pas votre première nature" dixit #Yvan_Castanou

On ne peut pas changer sa première nature mais on peut changer ses habitudes.

Ne te permets pas de croire que cette habitude qui empêche ton épanouissement a le dernier mot sur qui tu veux réellement être;

Ne la laisse donc pas réduire ton utilité !

Reprends les commandes et fous-la dehors maintenant;

Dégage-la de ta vie maintenant !

QUE LA VITESSE DE L'AUTRE NE T'INTIMIDE PAS

Quelqu'un a dit : " Dieu a donné à l'antilope et à la tortue le même jour pour entrer dans l'arche."

La rapidité peut être un atout mais le plus important c'est avancer vers le but.

Ne sois pas intimidé par la vitesse de ton voisin,

Aller vite n'est qu'un rythme alors, laisse que *arriver à la destination* demeure le principal objet de tes aspirations.

Avance jusqu'où tu veux arriver avec la force que tu as !

ACCEPTE-TOI

Non, tu ne commets pas un crime en étant différent des autres,

Oui, tu as raison de te croire unique en ton genre.

Ne te gêne pas de manifester qui tu es vraiment.

Accepte-toi !

RIRE PEUT T'AIDER

As-tu des problèmes ????

Sont-ils énormes comme ça ?

Pas besoin de t'inquiéter amigo

Fais comme moi : ris de tes problèmes jusqu'à en trouver des solutions.

Oui, tu peux réagir autrement

Vas-y, ris donc

Kiekiekiekiekie

Lol Lol Lol Lol

Mdr mdr mdr

Chez moi, on dit depuis un temps :

Nsm(naseki makasi) cad Je ris beaucouuuuuuuup

SOIS TETU FACE AUX OBSTACLES

Quand un obstacle te semble têtu,

Rappelle-toi de ses prédécesseurs que tu as écrasés et frappe encore !

Sois têtu, deviens opiniâtre !

LIBERE TON POTENTIEL

Dieu t'a doté d'un potentiel énorme.

Libère-le pour sa gloire.

TA DESTINEE ET RIEN QUE CA !

Bats-toi uniquement pour les choses qui te conduisent vers ta destinée et pas le contraire.

CONNAIS TON POTENTIEL

Il se peut que tu sois en train de chercher chez autrui les choses que tu ignores avoir déjà en toi.

Connais ton potentiel

PRENDS SOIN DE TOI

"C'est souvent quand on souffre qu'on se rend compte de ce que signifie "être en pleine forme" et ce que ça vaut que d'être bien portant !

Prends soin de toi "

NE NEGLIGE PAS LES DETAILS

Un mauvais résultat final ne devient pas mauvais à la fin mais quand on commence à négliger les détails le long du chemin !

Ne néglige pas les détails !

SURMONTE TES EPREUVES AVEC BRAVOURE

"Une épreuve devient intéressante quand on l'affronte et qu'on apprend d'elle"

TON POTENTIEL COMPTE BEAUCOUP

"Ta réussite ne dépend pas d'abord de gens qui te soutiennent mais du potentiel qui est en toi...Ne l'oublie jamais"

N'aies pas peur de la caméra

"Nos photos sont l'un de meilleurs extraits du livre de notre histoire...prenons-en souvent"

SOIS AU BON ENDROIT

"Ce n'est pas à force d'attendre un avion à l'arrêt de bus qu'il y atterira.

Ce n'est pas à force d'attendre une bonne chose au mauvais endroit que cet endroit deviendra bon pour cette chose"

PARDONNE-TOI

Si tu te rends compte que tu as commis beaucoup d'erreurs sur ton parcours,

Ne te culpabilise pas...

Que tes erreurs du passé te rappellent juste une seule chose : "elles ne sont pas à commettre"

Pardonne-toi et avance !

TU ES PLUS RICHE QUE L'ARGENT

Tout être humain est plus riche que l'argent.

Aucune somme d'argent n'est assez énorme pour équivaloir à ton âme.

N'accepte pas de vendre ton honneur, ton futur ou ton présent juste à cause de l'argent...

Il y a bien de choses que l'argent n'achète pas !

Tu es plus riche que les banques...

Ne l'oublie jamais

SOIS SUR DE TOI !

Dieu est l'être le plus grand et pourtant il se fait invisible.

Si tu sais que tu es grand n'attend pas que les hommes te voient grands pour admettre que tu l'es.

Ne cherche pas à tout prix leurs regards ou leur attention pour confirmer ta grandeur.☹

Agis selon ta grandeur en présence ou en absence des autres.

Car ta grandeur n'est pas dans les yeux de ceux qui te regardent mais dans ton for interieur...

Crois-le fermement et le reste le confirmera...

Dieu est sûr de lui...

Toi aussi, sois sûr de toi!

DECIDE D'ETRE GUERI

Quelqu'un a dit : "Je suis fier de mon coeur.

Il a été détruit, brûlé, brisé, écrasé mais il marche encore"

S'il existe une maladie dont le malade décide lui-même de l'efficacité du traitement qu'il reçoit, cette maladie s'appelle blessure intérieure.

As-tu des blessures intérieures causées par la déception ou la trahison d'un être proche ou par la maltraitance vécue en milieu familial ?

Seule la décision d'être guéri de tes blessures t'introduira vraiment dans le processus de ta guérison.

Tant que tu te plaindras des maux que l'on t'a causés, Tant que tu ne te pardonneras pas d'avoir fait confiance aux personnes qui n'en étaient point dignes, tu ne pourras pas passer à l'autre étape.

Fais aujourd'hui le choix d'être guéri....et laisse le temps produire cette guérison en toi.

Choisis l'assèchement de tes plaies intérieures dès maintenant !

SOIS EQUILIBRE

Bonjour, j'espère que chez toi, ça va

Et si on poétisait la motivation d'aujourd'hui ?

On y va

Bosse dur sans oublier de te détendre en lieu sûr

Investis pour t'enrichir sans oublier de dépenser pour te réjouir

♂Fuis l'impudicité sans hésiter de draguer ta dulcinée ❣

Ne sois pas legère sans oublier de te faire belle pour plaire à celui que tes enfants auront pour père.

Tu peux blâmer un enfant qui a fauté mais n'oublie pas de souvent le câliner.

Bref, sois équilibré(e) mon ami(e) !

NE TE PLAINS PLUS

Bonjour

Parfois, il est bon de ne pas avoir le soutien de tout le monde.

Lorsque tout le monde croit en nous, on a tendance à vouloir se conforter dans ce soutien de tous,

On agit pour continuer à plaire plutôt que pour libérer son vrai potentiel.

Mais très souvent, les doutes de certaines personnes sur nous, nous poussent à exceller davantage.

Ne te plains donc pas si tout le monde ne te soutient pas dans ce que tu fais,

Car Il y a du bon côté dans cela !

Entre toi
et
tes relations

CONTENTE-TOI DES GENS VRAIS

Tout le monde ne t'aime pas et ne t'aimera pas

Tout le monde ne te préfère pas et ne te préférera pas

Tu ne croiseras pas tout le monde durant ta vie sur cette terre...

Même si ce monde est habité par des millards de personnes, en réalité , ton cercle privé ne demande que très peu de gens..

Ne sois pas concentré sur le nombre de ceux qui te disent "je t'aime" pour te sentir aimé,

Contente-toi et réjouis-toi plutôt du bonheur que te procurent les personnes vraies que Dieu t'a données, aussi moins nombreuses qu'elles soient...

À ta naissance, les hommes étaient plus que millions mais tu n'avais que ta mère ou ton père pour te bercer, n'avoir d'yeux que pour toi...bref pour te prouver de l'amour.

Alors ne cours pas vainement après tout ce qui bouge ci et là...

Reste à ta place et fonce avec ceux qui bougent avec toi.

ROMPRE UNE RELATION N'EST PAS UN JEU

Quand tu romps une relation avec une personne qui t'était chère, elle ne devient pas forcément moins chère.

Sache que quand tu décides de couper le pont avec une personne, il y a des gens qui montent des ponts vers elle.

Ne romps pas une relation pour le regretter après...

Ne romps pas une relation de manière impulsive juste pour satisfaire ton égo...

Ne l'oublie pas...en terme de relation : un bien qui n'est plus tien ne devient pas forcément rien.

Romps une relation après avoir pesé le pour et le contre,

Romps une relation quand tu es sûr qu'elle ne sert pas à ton épanouissement...

Valable en amitié comme en amour !

RESTE FOCUS...

Les hommes aiment parler et ils parleront de toutes les façons à ton sujet...

A force d'avoir l'oreille prête à écouter tout le monde, on passe à côté de qui on est vraiment...

N'accepte pas tout ce que tes oreilles attendent mais filtre-le par rapport à ta propre opinion de toi-même...

Reste focus sur la personne que tu veux réellement être !

NE MEDIS PLUS....

Il y a de ces personnes qui ne te donneront jamais leur argent ni leur nourriture encore moins leur eau mais il se peut que par elles, tu reçoives les meilleures opportunités de ta vie

Il se peut que par elles, tu fasses tes plus belles rencontres...

Ne murmure pas trop face à l'égoïsme de certains car tu risques de passer à côté de la seule chose qu'ils peuvent te donner à force de murmurer, à force de te plaindre ou de médire !

SOIS SIMPLEMENT TOI !

Sérieux...le monde est bizarre !

Quand on est très gentil et assez ouvert, on est pris pour des chaussettes

Quand on est assez réservé, on est pris pour l'orgueilleux

Quand on est suffisament franc, on est pris pour le méchant et pour le dur !

C'est ça le monde !

Le monde ne sera jamais satisfait de ce que l'on lui présente ou propose.

Essayer de se conformer à tous ses concepts juste pour plaire est une perte de temps et d'énergie !

Soyez simplement vous, vivez votre vie !

LE TEMPS JUGERA

Très souvent on entre inutilement en conflit avec ceux qui nous donnent tort juste parce qu'on est pressé d'avoir raison.

Il est vrai que face à certains problèmes, ni les juges ni les hommes les plus sages ne peuvent mieux trancher !

Il y a de ces situations qui demandent juste qu'on laisse au temps le rôle d'arbitre.

on peut te donner tort aujourd'hui mais qui sait si l'avenir te donnera raison ?

Le fait que tout le monde a une position ne veut pas dire que tu as forcément tort ou que ton avis ne compte pas

Si tu n'es pas convaincu de la position des autres, reste serein mais surtout prend ta patience avec toi !

Le temps jugera

AGRIPPE-TOI

L'oiseau rare, très difficile à trouver ces temps-ci c'est un couple avec un garçon qui ne court pas après d'autres filles !

De même, la race des filles qui restent amoureuses de leurs mecs sans jamais oser faire les yeux doux à d'autres sont actuellement une espèce en voie de disparition.

Si tu estimes être dans une relation où tu es suffisamment respecté(e),

Une relation dans laquelle tu es le seul "mon cœur" de quelqu'un ou de quelqu'une,

Si tu sais que ça roule entre vous,

Agrippe-toi !

NE SOIS PAS NAIF

"Il y a de ces personnes qui sont comme des fourmis.

Elles ne s'intéressent à toi que quand tu as du sucre

Ne sois pas naïf ! "

N'ABANDONNE PAS POUR EUX !

Si chaque jour, tu gardes en tête le bonheur des personnes pour qui ta réussite sera une bénédiction, tu abandonneras difficilement !

Sache que pour plusieurs, tu es un héros !

Foooonce !

LAISSE DIEU MANAGER TES PAS

Que l'exploit de ton voisin ne soit pas une défaite pour toi.

Celui qui te devance dans la vie ne t'empêche pas d'avancer non plus.

Ta vitesse peut doubler ou même tripler si tu laisses Dieu manager tes pas !

DEUX TYPES DE GENS T'OBSERVENT

Pour te définir, il y a de ces personnes qui s'arrêtent juste à leurs illusions sur toi alors que d'autres prennent le temps de t'approcher afin de s'informer vraiment sur toi.

Ces dernières sont les plus audacieuses et méritent beaucoup de respect de ta part.

LES MEILLEURS AMIS CONTREDISENT AUSSI

Les meilleurs amis savent contredire nos mauvais avis sur les questions de la vie.

FOUS-TOI DE LEUR JALOUSIE

Les jaloux aiment avoir ce que tu as pour eux.

Ils aiment que tes biens leur appartiennent,

que ta place leur revienne,

que ta réussite soit la leur... Bref, Ils envient ta paix, ton bonheur, ton épanouissement.

Cher ami(e), pour ta paix, fous-toi des jaloux,

Evite-les dans ton cercle, évite de faire de leur aigreur un problème majeur.

Aux jaloux, ne souhaite pas qu'ils maigrissent car leur jalousie peut produire en eux bien pire qu'un simple amaigrissement.

Fous-toi d'eux !

FOURNIS AUSSI DES EFFORTS

La survie d'une relation entre x et y ne dépend pas uniquement des efforts de x ou de y !

Tous les deux doivent s'y mettre pour que leur relation survive !

La considération que l'on a d'une relation ne se prouve pas simplement par des mots gentils que l'on dit mais surtout par par les bons actes que l'on pose.

Allons au-delà des mots et des titres dans nos relations !

LES BONNES PERSONNES TE BOOSTENT

Tu n'as pas besoin de dire aux gens combien tu as en banque pour te faire respecter.

Tu n'as pas besoin de ces personnes qui n'attendent que de te voir réussir pour t'exprimer leur gentillesse !

Ce genre de personnes ne te serviront à rien car la plupart d'entre elles n'ont qu'un seul but : te dépouiller puis s'en aller !

Les meilleures personnes t'apprécieront pour tes valeurs et la personne que tu es.

Elles te soutiennent pour ce que tu es et ce que tu seras !

Les vrais t'encouragent à devenir une meilleure version de toi !

Si les personnes qui sont avec toi ne sont pas comme ça, ne les y force pas !

Entoure-toi seulement des personnes vraies !

IL EXISTE DES GENS A NE PAS PERDRE

Dans la vie, tu auras toujours affaire à trois types de personnes :

1.Celles qui te disent toujours *Oui* juste pour te plaire;

2.Celles qui te disent toujours *non* parce qu'elles ne croient pas en toi;

3.Et celles qui peuvent te dire oui (ou non)quand elles l'estiment bon pour ton épanouissement.

Tâche de ne pas perdre ces dernières.

PARLONS INFLUENCE !

SOIS BON ACTEUR DU FILM DE TA VIE

J'apprécie beaucoup le film "Karaté kid" du fils de Will Smith et Jackie Chan parce qu'il illustre comment l'apprentissage finit toujours par récompenser, même quand c'est peinant et routinier.

J'aime également le film "le Mot d'Akeelah" à cause du coach très inspirant que nous montre ce film...

C'est même en le suivant que j'ai appris le fameux poème de Marianne Williamson "Votre plus grande peur".

Les films que tu regardes te détendent, t'inspirent ou t'apprennent des choses en partant des histoires d'autres personnes.

Mais qu'en est-il du film de ta propre vie ?

Es-tu bon acteur ?

Est-ce que tes spectateurs peuvent dire que le film de ta vie est intéressant ?

Si ta réponse est non…Sache qu'il est grand temps que tu sois aussi ce modèle de réussite, de courage et de force pour ceux qui t'entourent !

TU PEUX INFLUENCER SANS ETRE POPULAIRE

Parfois, sans s'en rendre compte, il y a des gens qu'on marque, qu'on édifie, qu'on influence.

Ce n'est pas parce que tu ne vois pas des groupes des gens venir vers toi que tu n'es rien ou que tu n'as rien qui puisse attirer les regards.

Alors veille sur tes actions car même d'une vue de loin, quelqu'un peut t'imiter...

Car même d'une vue de loin, on peut reprendre des bruits sur toi !

TU PEUX TE MOTIVER TOI-MEME

Si la vie ne t'a pas donné des modèles à suivre,

Si tu ne trouves pas de repère pour te frayer un chemin,

Et Quand il n'y a personne pour te motiver...

Vraiment "personne de chez personne" pour t'inspirer à devenir meilleur,

Mire-toi et motive-toi toi-même...

Aide-toi à devenir un meilleur toi !

SOIS UN MODELE DANS LA DROITURE

Ne sois pas cette personne de qui, on soutire facilement les secrets d'autres personnes.

Ne sois pas cette personne qui sert de pont entre ceux qui détruisent et leurs cibles !

Sois plutôt cette muraille contre quoi se heurtent les personnes mal intentionnées !

Sois cette flèche empoissonnée qui tue les projets des malveillants !

Sois cette voix qui crie contre les ouvriers de l'injustice,

Sois cette personne qui inspire les générations futures...

Sois ce modèle qui incarne toutes les valeurs de l'intégrité !

Sois cette personne, en qui on reconnait de bonnes valeurs !

Sois loyal...sois un modèle !

VEILLE SUR LES IMPRESSIONS QUE TU DONNES...

Il y a de ces choses auxquelles tu as droit mais qui n'attendent que tes attitudes pour être à toi !

Il y a de ces opportunités qui n'attendent qu'un bonjour

Il y a de ces connexions qui ne demandent qu'un commentaire sur Facebook,

Il y a de ces "Oui je le veux" qui n'exigent qu'un peu de galanterie de ta part pour être exprimés !

Veille sur tes attitudes, veille sur les impressions que tu donnes aux gens

DRESSE-TOI UNE PERSONNALITE HONORABLE

Quelqu'un a dit : "Quand tu te vends moins cher, on t'achète à crédit"

La gentillesse, la sympathie, la courtoisie, etc sont des valeurs qu'il faut toujours observer mais quand on en fait usage avec excès, on passe pour les lèche-bottes chez certains!

Apprends à bien te vendre !

Sois celui qui sait rendre visite et celui qui sait se faire rare,

Sois celui qui sait se montrer ouvert mais fais aussi usage de réserve quelques fois!

Que ton désir d'être bon envers les gens ne fasse pas de toi un bonbon avec lequel n'importe qui peut jouer !

Je le répète : sois bon, ne sois pas bonbon !

Dresse-toi une personnalité honorable !

N'ECOUTE PAS TOUT LE MONDE

On s'arrête souvent en chemin quand on donne son oreille à tout le monde. Parfois, il ne faut pas entendre ce que les gens disent sur nous pour avancer.

BUSINESS

N’hésite pas d’entreprendre

N'attends pas d'avoir la barbe blanche et le dos courbé pour entreprendre ou pour libérer ton potentiel...

Entreprendre n’est pas une affaire d’âge mais une affaire de créativité, une affaire de management !

TES AFFAIRES FINIRONT PAR MARCHER

Le jour où tes affaires vont marcher n'aura pas un autre nom dans le calendrier !

Le jour où ça va marcher, le soleil ne se lèvera pas à l'Ouest!

Mais ce jour-là n'existera que si tu n'abandonnes pas !

L'existence de ce jour-là ne tient qu'à une chose : ta persévérance !

Espère encore !

Persévère !!!

TU PEUX ENTREPRENDRE AVEC TON TELEPHONE

Alors que certains s'amusent juste avec leurs téléphones, il y a de ceux qui l'utilisent aussi pour investir !

Si la paresse est dans ton téléphone, sache que le travail aussi y est !

L'ENTREPRENEURIAT OFFRE DES OPPORTUNITES

Si tu crées ta propre entreprise, tu ne deviendras pas millionnaire tout de suite mais sois sûr que tu ouvriras la porte à plusieurs opportunités.µ

NE RECRUTE PAS N'IMPORTE QUI

Il y a de ces projets qui sont comme l'arche de Noé, ils sont censés profiter à tout le monde mais ils ne se réalisent que grâce à un petit nombre d'individus. Ne recrute pas n'importe qui dans ta team

PARLONS TEMPS !

GERE BIEN TON TEMPS

Hey, ça va ?

N'a le temps que celui qui vit et n'aura le temps que celui qui vivra !

Le temps est donc une richesse que tu es obligé de consommer en même temps que tu la possèdes.

Il n'y a pas une partie de ton temps que tu peux garder dans un coffre-fort soi-disant : "je la consommerai plus tard".

La meilleure manière d'économiser ton temps est donc de le consacrer totalement aux choses qui valorisent ton existence sur cette terre.

Alors exploite bien ton temps : fais les choses que tu ne regretteras pas car le passé nous rattrape mais le temps gaspillé ne revient pas !

LE TEMPS NE S'OPPOSE PAS AU CHANGEMENT

Demain deviendra aujourd'hui et aujourd'hui deviendra le hier de demain.

Les jours changent de titre et acceptent ce changement qu'on leur impose sans discuter.

Donc si nous décidons de changer d'attitude aujourd'hui pour notre bien, ils ne vont pas se rebeller.

Tout temps est docile au changement !

Pas donc besoin de reporter,

Alors, Changeons *positivement maintenant*

Quand un mois prend fin, l'autre lui remplace !

Le sage ne fait pas que compter les jours mais il les marquera par ses oeuvres.

Marque chaque mois !

UNE LETTRE A L'ANNEE PROCHAINE

Chère nouvelle année,

Toutes les feuilles de mon calendrier tendent à s'épuiser et m'annoncent déjà ton arrivée.

A toi et à tes 12 enfants,

Préparez-vous à rencontrer une personne prête à marquer chacun d'entre vous.

Que Janvier sache qu'il ne me trouvera pas par terre...

Là où l'année qui s'achève m'a mis par terre, Janvier, ton premier né me trouvera déjà débout !

Que Février sache que je n'ignore pas qu'il est le mois le plus court juste pour me rappeler que je dois faire vite pour mettre ses jours à profit avant qu'il ne s'en aille,

Que Mars et ses petits frères sachent que leur longue durée ne m'effraie point car

Je suis assez équipé pour les occuper tous par l'immense potentiel que je porte en moi.

Chère nouvelle année , Je n'attend pas que tes surprises;

Je te surprendrai aussi...

Ce que l'année qui s'achève t'a appris de moi,

Ce qu'il t'a dit au sujet de mes défauts et de mes échecs,

Prépare-toi à ne rien trouver de pareil à ton arrivée...

Car je suis décidé à écrire une nouvelle histoire avec toi et tes 12 enfants !

A bientôt, fidèle allié de mon impact très proche...

Joyeux noël et merveilleux à toi qui lis ☺

Printed by Books on Demand GmbH, Norderstedt / Germany